AF312599

LE DOCTEUR

HENRI VERGEZ

PROFESSEUR AGRÉGÉ

Conseiller Général,

Commandeur de l'Ordre de Saint Grégoire le Grand.

TARBES

IMPRIMERIE ÉMILE CROHARÉ, PLACE MAUBOURGUET

1889

LE DOCTEUR

HENRI VERGEZ

PROFESSEUR AGRÉGÉ

Conseiller Général,

Commandeur de l'Ordre de Saint Grégoire le Grand.

TARBES

IMPRIMERIE ÉMILE CROHARÉ, PLACE MAUBOURGUET

1889

AVANT-PROPOS

Les premières Notices biographiques,
écrites au courant de la plume, devaient
avoir leurs imperfections; elles ne pouvaient être que l'esquisse rapide d'une
figure qui mérite pourtant d'être mise en
pleine lumière. Les renseignements sont
venus, plus précis, plus complets. De divers
points de la France, des lettres d'une haute
autorité ont apporté les plus touchants
témoignages à la famille. Elles révèlent,
avec le caractère de vérité qui leur est
propre, le docteur, le chrétien, l'homme
public et l'ami.

Réunir en brochure, avec la discrétion
et aussi les suppléments qu'ils comportent,
les écrits déjà parus et quelques extraits de
cette correspondance a semblé le meilleur
moyen de faire connaître M. Vergez, cet

homme qui a si bien mérité de l'humanité et de la religion. Les redites, il est vrai, malgré tout le soin que l'on met à les éviter, sont inséparables d'une œuvre de ce genre; mais la multiplicité et la spontanéité des hommages offrent aussi leur intérêt.

C'est avec empressement que la famille a accueilli l'idée de cette publication, que d'ailleurs elle destine particulièrement aux amis comme témoignage de respectueuse et sympathique réconnaissance.

LE DOCTEUR

HENRI VERGEZ

I

PREMIÈRES NOTICES BIOGRAPHIQUES

§ I. — ÈRE NOUVELLE ET REVUE CATHOLIQUE

« Dimanche dernier s'éteignait à Tarbes, au milieu des siens, un homme éminent par sa science, ses services et sa vertu : M. Henri Vergez, docteur-médecin, professeur agrégé de la Faculté de Montpellier, conseiller général du canton de Luz, et commandeur de l'ordre de St-Grégoire le Grand.

« Il y a six ans environ, sa santé si robuste reçut une terrible atteinte. Depuis ce moment, il attendait la mort avec la fermeté du soldat qui a bien combattu et le calme du chrétien qui compte sur la récompense.

« Né à Esquièze, en 1814, M. Henri Vergez appartenait à une de ces familles où l'on respire autour du foyer l'atmosphère fortifiante de la religion, et où la vertu se transmet de génération en génération comme le plus précieux des héritages. C'est là qu'il puisa ces principes qui seront la règle inflexible de sa vie entière.

« Après de brillantes études, commencées à St-Pé, continuées à Tarbes et à Pau, il alla faire ses cours de médecine à Montpellier. Là, comme ailleurs, les rares qualités de son esprit ne tardèrent pas à le faire remarquer. Il devint rapidement Prosecteur et bientôt après Professeur Agrégé. Il avait vingt-neuf ans. Durant plusieurs années, il fit marcher de concert le travail du professorat, dont il s'acquittait avec distinction, et la pratique de la médecine, qu'il exerçait à Barèges pendant l'été. Et l'on ne saurait dire sur lequel des deux théâtres son talent était couronné de plus de succès. C'est l'époque où cet esprit d'élite, investigateur puissant, fit d'importantes découvertes, qu'il eut la modestie de tenir cachées, et dont les autres se sont attribué le mérite.

« Mais le pays natal l'attirait, et l'estime ainsi que l'affection dont il y était environné l'y fixèrent d'une façon définitive. Barèges devint comme le centre de ses travaux, et la prospérité de cette station fut, dès lors, avec le soin des malades, l'objet principal de ses préoccupations et de ses efforts.

« Sa clientèle déjà nombreuse alla toujours croissant, et ce n'est qu'au prix des plus grandes fatigues qu'il pouvait suffire aux exigences de tous ceux qui demandaient le secours de sa science et de son dévouement.

« Pour lui, la médecine était un véritable sacerdoce. Il était l'ami autant que le médecin de ses clients. D'un abord facile et d'une bonté inépuisable, il les recevait tous avec la même douceur et la même cordialité ; et s'il y avait des préférences, elles étaient pour les plus malheureux. Bien que sa science et sa distinction le fissent rechercher des grands et priser des riches, les pauvres étaient sa clientèle de prédilection. Il aimait à leur prodiguer ses soins. Et que de fois sa main discrète n'a-t-elle pas glissé l'aumône qui les devait sustenter, à côté du remède destiné à les guérir. Quant aux malades de la vallée, ils étaient de la famille; ils pouvaient s'adresser à lui gratuitement à toutes les heures du jour et de la nuit; c'était presque l'obliger que de lui fournir l'occasion de leur être utile.

**

****

« Administrateur de sa commune et de la vallée, il se dévoua avec une ardeur infatigable· à tous leurs intérêts : établissements thermaux, routes, montagnes, etc., et en particulier aux intérêts de son cher Barèges. La construction d'une église en ce lieu avait été l'une des préoccupations de sa vie; à la veille de sa mort, il montra, mieux que par des paroles, combien il avait encore cette œuvre à cœur. Des difficultés sans cesse renaissantes empêchèrent toujours l'accomplissement de ce désir dont la réalisation, prochaine croyons-nous, sera une source de bien considérable pour cette station, qui s'est maintenue prospère jusqu'à la maladie du vénéré docteur.

« Cependant le canton de Luz, qui appréciait
ses rares qualités et ses éminents services, l'avait
envoyé siéger comme son représentant au Conseil
général.

« Une première fois, c'était entre la chute de
la Royauté et l'avènement de l'Empire. Tout
jeune encore, il s'y fit remarquer par sa compétence à traiter les questions les plus diverses et
l'aisance avec laquelle son intelligence rapide se
mouvait au milieu des sujets ardus qui embar-
rassaient même les vieux politiciens de ce temps-
là, comme la Révision de la Constitution.

« Mais c'est surtout à la seconde période de
son mandat que son rôle s'agrandit et s'élève.

« C'était après la guerre. Notre pauvre France
était bien éprouvée. Ce n'est pas assez pour elle
que d'avoir été pressurée par l'ennemi du dehors
et d'avoir subi les horreurs de la Commune, il
lui fallait encore essuyer les assauts de l'Impiété,
qui, pour la réduire à n'être plus qu'un cadavre,
s'efforçait de renverser ses institutions, d'abolir
ses croyances, de proscrire la liberté. Ces attentats
eurent leur contre-coup jusqu'au sein des assem-
blées départementales. Le Conseil général des
Hautes-Pyrénées fut appelé, comme les autres,

à se prononcer, sous forme de vœu, sur ces questions palpitantes. M. Vergez était là. Sans négliger les intérêts matériels du pays, il se fit l'avocat dévoué, le champion résolu de toutes ces grandes causes. Ceux qui ont assisté à cette séance mémorable, où la liberté d'enseignement était en question, n'ont pas oublié cet homme de bien qui tout à coup se lève pour flageller avec indignation une tentative sacrilège et revendiquer le plus sacré des droits, au nom de la famille et de la patrie. Sa parole convaincue, lumineuse, inflexible, entraîne les membres encore indécis de l'Assemblée départementale, et, à la majorité des voix, son vœu est adopté.

***

« Mais les sectes poursuivaient leur œuvre de désorganisation sociale et cette liberté d'enseignement si chère à tous les cœurs français venait d'être rayée du code de nos lois, pour faire place à l'instruction obligatoire et laïque.

« Par le fait, c'était la suppression de la subvention et des locaux accordés par les communes aux écoles chrétiennes; c'était en particulier

pour celles de notre ville la misère et peut-être
la mort.

« Les pères de famille sont dans l'émoi. Un
comité s'organise et l'on recueille des secours ;
mais où trouver un asile pour y recevoir les enfants
que ces iniques mesures jettent hors de l'école
de la rue Desaix et laissent sans abri. On se réunit
et l'on délibère. Il était neuf heures du soir.
Tout à coup, une idée lumineuse a éclairé les
membres du comité. Trois d'entre eux se dirigent
vers la maison qu'habite, à Tarbes, le généreux
défenseur de l'enseignement chrétien au Conseil
général, M. le docteur Vergez. Il était déjà dans
son lit. Il se lève. Et comme on lui demande s'il
ne pourrait pas fournir une partie de son jardin
pour l'emplacement d'une école : « C'est drôle,
répondit-il, j'y pensais depuis vingt-quatre heures. » Aussitôt on se met à l'œuvre, et à partir de
ce jour les enfants des pauvres reçoivent chez
lui cette éducation chrétienne qu'on voulait leur
ravir et qui vaut mieux pour eux que tous les
trésors.

***

« Mais quelque glorieuse que soit sa part dans
ces entreprises du dévouement et de la charité,

elle ne saurait être comparée à celle qui lui est dévolue dans cette série de merveilleux évènements qui constituent le fait peut-être le plus considérable de notre siècle : je veux dire les Apparitions de Notre-Dame de Lourdes.

« Visitez, dans la Basilique qui s'élève triomphante au-dessus de la Grotte, la chapelle du Sacré-Cœur, et considérez sur l'un des vitraux cette scène où l'artiste représente la Commission épiscopale faisant subir un interrogatoire à Bernadette. D'un côté, vous voyez le grand évêque de Tarbes, Mgr Laurence, ayant autour de lui ses assesseurs ecclésiastiques et tout en face l'heureuse voyante de la grotte; d'un autre, un personnage laïque, qui semble sortir de son cabinet de travail, debout, la figure illuminée par les rayons qui descendent sur sa tête : c'est la science qui vient apporter ses lumières à la Commission, ou plutôt, c'est son représentant autorisé, M. le docteur Vergez.

« La Providence avait placé là, comme pour surveiller le berceau de cette œuvre, deux hommes d'un caractère bien différent, mais d'un mérite incontesté : M. le docteur Dozous et M. le docteur Vergez. L'un incrédule et résolu à n'admettre que

ce que sa raison lui prouve, l'autre croyant, mais
jaloux de ne point laisser se mêler les scories
avec l'or pur de sa doctrine; tous deux médecins
distingués, parvenus par leur talent et leurs
études jusqu'aux limites extrêmes de la science,
tous deux doués d'une rare pénétration pour
constater les faits, tous deux capables de les
examiner à froid et d'en tirer les conséquences.
Ils ont, chacun à part, étudié, discuté, jugé :
et tous deux ils sont arrivés au même résultat.
L'un l'a publié dans un livre qui n'est que l'aveu
forcé mais loyal d'une âme droite et qui porte
pour épigraphe : *Credidi quia vidi; propter quod
locutus sum.* L'autre l'a consigné dans ses rapports,
qui sont les archives de Notre-Dame de Lourdes,
et demeureront comme l'attestation authentique
de la visite en ces lieux, dix-huit fois renouvelée,
de la Reine du ciel.

« Je ne dirai pas le rôle qu'a joué M. Vergez
comme membre de la Commission dès le début
du pèlerinage, et dans la suite à des titres divers.
Il est relaté jour par jour dans les Annales du
sanctuaire.

« Pendant trente ans, il a collaboré à cette
œuvre avec le dévouement et la piété d'un fils

pour sa mère. Et quand, il y a deux ans, la tribune française a retenti des clameurs incons-cientes qu'un ministre aux abois lançait à l'adresse de Notre-Dame de Lourdes, il s'est levé sur son lit de douleur pour protester contre l'injure faite à Marie et établir encore une fois avec son autorité la vérité des miracles.

« On me demande, écrit-il, ce que j'ai vu
« à Lourdes. Deux mots suffisent pour le dire.
« Par l'examen des faits les plus authentiques,
« placés au-dessus du pouvoir de la science et
« de l'art, j'ai vu, j'ai touché l'œuvre divine,
« le miracle.

« J'ai vu de l'eau naturelle, dotée d'une vertu
« contingente, supérieure aux forces dont peut
« disposer la nature, et d'une diversité d'action
« absolue. Cette eau, toujours la même, inva-
« riable, je l'ai vue produire des effets surnaturels
« très différents, sans analogie entre eux.

« Arracher un enfant agonisant à la mort;
« rétablir la vue dans un œil insensible à la
« lumière par suite d'une lésion traumatique
« profonde; rendre la plénitude des mouvements
« à des membres paralysés; guérir un ulcère

« chronique, étendu, très rebelle; telles ont été
« ses premières opérations.

« Celles qui les ont suivies ne sont ni moins
« étonnantes, ni moins concluantes.

« Quelques-unes ont porté sur des maladies
« réputées incurables : phthisie arrivée à·sa
« période ultime; cancer, ataxie locomotrice.

« La moisson a été riche, abondante et de
« longue durée. Elle continue, s'exécutant sous
« le contrôle d'un savant interprète, en résidence
« auprès de la Grotte. C'est toujours le miracle
« passé à l'état de permanence.

« Tarbes, le 8 septembre 1886.

« VERGEZ. »

« Ces paroles resteront comme le testament
de sa croyance à N.-Dame de Lourdes.

« Malgré la discrétion avec laquelle M. le
docteur Vergez faisait le bien, son mérite ne put
rester dans l'ombre. Son nom était parvenu
jusqu'aux limites du monde chrétien. Mgr Billère
fut heureux de le signaler à l'attention de
Léon XIII, qui se hâta d'envoyer à ce vaillant
soldat de l'Eglise, comme gage de sa paternelle
affection et comme récompense de ses éminents

services, la croix de Commandeur de St-Grégoire-
le-Grand.

****

« Si l'homme public était éminent, combien
plus admirable encore était l'homme privé. Il ne
faut pas, en dévoilant des secrets intimes, dire ce
qu'il y avait de tendresse dans ce cœur de père,
de charme et d'abandon dans ses entretiens avec
les amis, de condescendance discrète dans ses
rapports avec les faibles, de commisération délicate
dans ses relations avec les malheureux. C'était
un chrétien des premiers siècles, chez qui la
vivacité de la foi trouvait dans la solidité de la
science une base plus ferme et un moyen incom-
parable d'étendre autour de lui les effets de sa
salutaire influence.

« Comme Récamier, il avait, dans les circonstances difficiles, recours à ce Dieu qu'il recevait fréquemment à la Sainte-Table, et à la
Vierge Marie, en l'honneur de laquelle il récitait
plusieurs fois par jour le chapelet. Aussi quand
la mort est venue frapper à sa porte, il était tout
préparé. Muni du Saint Viatique et de l'Extrême-
Onction, il a passé les derniers instants de sa vie

à converser avec son Dieu. Tout à **c**oup, il ouvre les yeux et regarde devant lui ; un sourire illumine son visage, et il rend le dernier soupir.

« Ses funérailles ont dit bien haut la place qu'il occupait dans l'estime publique. Quoique le défunt eût recommandé la simplicité dans ses obsèques, le concours a été grand et solennel : c'était un hommage spontané rendu à la mémoire d'un grand citoyen et d'un grand chrétien.

« Cyrille Lassus. »

(Numéros du 1er décembre 1888.)

---

§ II. — Journal de Lourdes et Annales de N.-D. de Lourdes

« Un grand ouvrier de la Sainte Vierge vient de s'éteindre à Tarbes.

« M. le Docteur Henri Vergez, professeur agrégé à la Faculté de Médecine de Montpellier, conseiller général des Hautes-Pyrénées, commandeur de l'Ordre de St Grégoire le Grand, a rendu sa belle âme à Dieu, le 25 novembre au matin, dans la 74e année de son âge.

« Le Dr Vergez a une place marquée dans l'histoire de la Grotte, de même que son portrait figure sur les vitraux de la Basilique.

« Au lendemain des Apparitions, lorsque déjà un certain nombre de voix proclamaient avec l'accent de la reconnaissance l'efficacité merveilleuse de l'eau de Massabieille, il importait de choisir un maître d'une compétence incontestable et incontestée pour procéder à l'examen scientifique des guérisons.

« Cet homme était tout trouvé, et il présentait toutes les garanties désirables.

« C'était un chrétien convaincu, qui avait traversé impunément l'atmosphère empestée des grandes villes.

« Il avait fait ses preuves comme savoir. A vingt-neuf ans, après de brillantes études, il emportait au concours une chaire à la Faculté de Montpellier. Comme médecin des eaux de Barèges, il était tenu en haute estime par tous les malades qui avaient fréquenté cette station thermale.

« Ses compatriotes lui avaient confié le mandat qu'ils lui renouvelèrent souvent depuis, de défendre les intérêts de la vallée de Luz, au sein de l'assemblée syndicale et du Conseil général.

« Le docteur Vergez fut donc chargé par Mgr
l'Evêque de Tarbes de faire la première enquête
officielle sur les guérisons. Ainsi qu'il le déclare
lui-même dans son rapport, qui est sous nos
yeux, « pénétré de l'importance de cette mission, » il procéda « à cet examen avec l'unique
préoccupation de rechercher la vérité et de la
montrer sous son vrai jour. »

« Après une consciencieuse étude, huit faits
lui parurent offrir un caractère surnaturel.

« Ici, citons un passage de son travail :

« En jetant un coup d'œil d'ensemble sur ces
« huit faits, on est frappé tout d'abord de la
« facilité, de la promptitude et de l'instantanéité
« avec lesquelles ils sortent du sein de leur cause
« productrice ; de la violation, du bouleversement
« de toutes les méthodes thérapeutiques, qui
« règne dans leur accomplissement ; des contra-
« dictions que reçoivent les préceptes et les pré-
« visions de la science ; du dédain qui frappe
« l'ancienneté, la profondeur et la résistance du
« mal, et du soin avec lequel toutes les circons-
« tances sont arrangées et combinées pour mon-
« trer qu'il y a dans la guérison qui s'opère
« un évènement contre l'ordre de la nature. De

« tels phénomènes dépassent la portée de l'esprit
« humain. »

« Pour apprécier la portée de ces conclusions,
il faut se souvenir qu'elles ont pesé d'un grand
poids dans la conscience de l'Evêque, quand
celui-ci a affirmé en pleine sécurité, au nom.
de Dieu et de l'Eglise, la réalité divine des
Apparitions.

« L'ouvrier de la première heure aurait pu
laisser à d'autres le soin de continuer sa tâche.
Toutefois, jusqu'à ce que ses forces aient trahi sa
bonne volonté, il a poursuivi sa vérification des
guérisons conformément à la science, veillant
avec scrupule à ce que rien de douteux ou
d'incertain ne fût accepté.

« Le 8 septembre 1886, comprenant que ses
jours étaient comptés et que sa mission était finie,
il résuma ses impressions de 25 ans par une
lettre qui est comme son testament. En voici le
début :

« On me demande ce que j'ai vu à Lourdes.
« Deux mots suffisent pour le dire.
« Par l'examen des faits les plus authentiques,
« placés au-dessus du pouvoir de la science et de

« l'art, j'ai vu, j'ai touché l'œuvre divine, le
« miracle..... »

***

« L'âme du chrétien se révèle tout entière dans
cette déclaration. Du reste, le docteur Vergez
profitait de chaque occasion pour professer
ouvertement sa foi. On se souvient de l'émoi
jeté dans notre pays en 1879 par les menaces de
proscription dirigées contre nos écoles, nos
collèges et nos facultés catholiques. A deux
reprises, M. Vergez porta cette cause devant le
Conseil général, et, chaque fois, la victoire resta
au champion de la religion et de la liberté.

« Ce sujet nous amène à signaler encore en lui
le bienfaiteur des Frères des Ecoles chrétiennes
à Tarbes. Il y a sept ans de cela, les Frères,
chassés par la municipalité, cherchaient vainement un local pour continuer leur œuvre de
dévouement. Un comité fut constitué. Celui qui
écrit ces lignes fut désigné avec deux autres
membres de ce comité, pour demander à
M. Vergez un grand sacrifice, l'établissement de
l'école projetée à l'extrémité de son jardin. Dès

le premier mot, il les arrêta en disant : « J'ai eu la même pensée depuis ce matin ; le local est à votre disposition. » Deux mois après, les élèves, aussi nombreux que jamais, y étaient installés avec les maîtres de leur choix.

« Pour reconnaître tant de services rendus, Mgr l'Evêque de Tarbes obtint pour M. Vergez, le 28 février dernier, la croix de Commandeur de l'ordre de St-Grégoire-le-Grand. Cette haute distinction fut la joie des derniers jours du savant chrétien.

***

« Ses obsèques, qui ont eu lieu le 26 novembre dans l'église St-Jean de Tarbes, ont été l'occasion d'une véritable manifestation religieuse. Tout le clergé de la ville, le Grand Séminaire, des Missionnaires de Lourdes, les communautés religieuses de Tarbes, les Enfants des Ecoles chrétiennes, y assistaient. Mgr l'Evêque, en tournée pastorale, s'était fait représenter par M. Lafforgue, vicaire général, qui a chanté la messe et donné l'absoute. Le Préfet, son secrétaire général, des conseillers généraux, des médecins, d'anciens magistrats, des confrères de St-Vincent-

de-Paul, tenaient les cordons du poële. Deux
frères et le fils du défunt conduisaient le deuil. »

(*Journal de Lourdes*, 2 décembre 1888, et
Annales de Notre-Dame de Lourdes,
livraison de décembre 1888).

*_**

« Le même numéro des *Annales* publie la suite
des études médicales que fait M. le docteur
Boissarie sur les guérisons opérées par l'eau de
la Grotte, de 1878 à 1882. Nous extrayons de ce
beau travail les lignes suivantes consacrées à la
mémoire du docteur Vergez.

« Chaque année nous apporte le récit des
« guérisons extraordinaires obtenues dans cette
« Grotte bénie, où il semble que le ciel soit plus
« proche, l'atmosphère morale plus pure. Ne
« dirait-on pas que le miracle, dispensé par la
« Providence d'une main toujours avare, est à
« Lourdes entré dans les conditions habituelles
« de la vie humaine ? On a pu lire les noms de
« maîtres bien connus, au bas des procès-verbaux
« de guérisons ; on a vu les sommités médicales
« de la France et de la Belgique constater sans
« réserve la maladie au départ, la guérison au

« retour. Les docteurs Van der Carmen, lauréat
« de Louvain, Regnaud, professeur à Rennes,
« Fabre à Marseille, Jouon à Nantes, et tant
« d'autres médecins distingués, ont apporté dans
« cette grande enquête l'appui de leur autorité et
« de leur talent.

 « Au milieu de tous ces noms célèbres, il en
« est un qui se détache et se place au premier
« rang : c'est le nom de Vergez.

« Vergez, professeur agrégé à la Faculté de
« Montpellier, médecin des eaux de Barèges, fut
« un des premiers témoins des évènements de
« Lourdes. C'est entre ses mains que la Commis-
« sion fit remettre tous les rapports faits par des
« médecins particuliers, sur les guérisons les
« plus signalées. C'était un dossier considérable,
« et cependant il ne renfermait que les cures
« opérées en 1858. Vergez voulut étudier auprès
« des sujets eux-mêmes l'histoire de leur maladie
« et de leur guérison. Dans un remarquable rap-
« port, il interprète de haut toutes ces questions
« et les éclaire d'un jet puissant de lumière ; ses
« conclusions forment une page désormais histo-
« rique, page magistralement écrite. Saluons de
« notre respectueuse admiration ce maître

« éminent, dont l'esprit et le cœur étaient ouverts
« à toutes les pensées élevées. Vergez vient de
« mourir. Il suivait depuis vingt-huit ans les
« développements d'une œuvre qui l'avait saisi,
« absorbé tout entier en pleine maturité, d'une
« œuvre qui avait imprimé à sa vie une haute
« direction, et donnera à sa mémoire une
« consécration durable.

« Dr BOISSARIE,

« ancien interne des hôpitaux de Paris. »

⟶ ⋈ ⟵

§ III. — ANNUAIRE DU PETIT SÉMINAIRE DE S^t-PÉ
(1889)

L'*Annuaire du Petit Séminaire de St-Pé* n'a pas
oublié que M. le docteur Vergez avait été membre
de cette famille scolaire dont il constitue l'histoire,
et il s'est empressé de lui donner une place toute
spéciale dans son nécrologe. Cette distinction, M.
le docteur Vergez la méritait et par la supériorité
du savoir, qui honore le Petit Séminaire, et par
l'intégrité de la vie, qui peut être proposée comme
modèle, et par la sympathie qu'il conserva

toujours à cette maison où plusieurs de ses
frères sont allés après lui se former à la science
et à la vertu. Volontiers nous aurions reproduit
in extenso ces pages si intéressantes et si vraies,
où sont tracées d'une main sûre les diverses
phases de sa féconde carrière. Mais, pour ne pas
trop multiplier les mêmes détails, nous devons
nous contenter d'en signaler la trame et d'en
relever quelques traits.

Après avoir considéré M. le docteur Vergez
« au sein de sa famille profondément chrétienne » ;
dans les établissements d'éducation ; à Montpellier
où « il suit avec un grand succès les cours de
Médecine et professe avec distinction pendant
plusieurs années » ; l'*Annuaire* nous montre en
lui, — le médecin « dont la nombreuse clientèle
se loue grandement de ses services » et chez qui
les habitants de la vallée ont toujours « le droit
de se présenter comme ses clients à titre
gracieux » ; — l'homme du pays, qui se fait
« au sein de la commission syndicale le défenseur
vigilant des intérêts cantonaux et spécialement
de ceux de Barèges » ; — le conseiller général
qui sans perdre de vue « le canton de Luz qu'il
représente » prend en main la défense « des

intérêts généraux et en particulier de l'enseignement religieux » ; — le bienfaiteur des Frères,
qui trouvent chez lui un refuge quand ils sont
« chassés des écoles communales de Tarbes » ;
— l'homme privé dont les qualités rares « font
deviner le chrétien » ; — « le solide et fier
chrétien, qui met en harmonie sa conduite avec
sa foi, qui ne fait cas de la science, comme
Leibnitz, que parce qu'elle lui donne de l'autorité
pour travailler en faveur de la Religion » ;
— l'ouvrier de Notre-Dame de Lourdes, dont la
participation exceptionnelle à ce grand événement
« fait sortir M. le docteur Vergez, dont la carrière
est par ailleurs si belle et si glorieuse, du cadre
d'une histoire locale et particulière, pour le faire
entrer dans l'histoire générale de l'Eglise, et le
classe parmi les grands serviteurs de la Sainte
Vierge. »

Cette notice de l'*Annuaire* est un digne tribut
d'hommages payé par un juge compétent à la
mémoire du savant et de l'homme de bien.

NOTICE SUPPLÉMENTAIRE

§ I. — LE CONSEILLER GÉNÉRAL

L'homme qui a mission de défendre les intérêts publics, dans une assemblée délibérante, doit posséder un ensemble de qualités qui rarement se trouvent réunies : l'intelligence qui élucide les affaires et signale les meilleures solutions ; le désintéressement qui, repoussant tout alliage d'intérêt personnel, ne poursuit que le bien général ; le dévouement qui ne compte pas avec les obstacles et marche résolument à son but.

Ces qualités maîtresses, M. Vergez les possédait ; et volontiers il les mettait au service des bonnes causes. Elles expliquent la part qu'il a prise aux travaux du Conseil général, et l'influence qu'il exerça tant que les forces ne trahirent pas sa volonté.[1] Témoin toutes les mesures utiles que, sous forme de vœux, il a proposées et soutenues. Il serait trop long de les énumérer ici.

La collection des rapports de M. le Préfet au Conseil général est là pour attester l'esprit d'initiative qui le distinguait. Mentionnons cependant, avec leurs dates, les principales propositions qu'il a soumises à l'assemblée départementale, et qui toutes furent l'objet d'un vote favorable.

En 1851, première période de son mandat, il demandait la création d'hospices civils dans les stations thermales, et une subvention de 150,000 francs pour la construction de l'établissement de Barèges. C'est dans la même session que, après une lutte ardente, il faisait rejeter le vœu provoquant la vente des Thermes de la vallée de Luz.

Dans la seconde période, qui fut longue, M. Vergez put étendre sa sollitude à tous les intérêts du canton : Loi sur les eaux minérales

---

[1] M. Vergez a été vice-président du Conseil général.

(1873-1880); suppression de l'Inspectorat médical
(1888); construction du pont de Scia (1876-1877),
et de l'église de Barèges (1886) ; subvention de
trois cents francs à l'Hospice de Luz (1877); rectification de la route de Barèges (1877); Chemin de
fer Transpyrénéen (1885); Chemin de fer de Pierrefitte à Luz et à Cauterets (1870-1887) ; routes
nationales carrossables jusqu'à la frontière,
notamment celle de Gavarnie en Espàgne (1881-
1886) ; reboisement et gazonnement des montagnes (1877).

Les questions d'intérêt général n'échappaient
pas au zèle de M. Vergez. Mais bornons-nous,
et signalons seulement, comme objets de ses
vœux, le Fonctionnarisme (1871); l'Agriculture
(1880) ; les Maladies infectieuses des animaux
(1887) ; la Canalisation des cours d'eau (1881) ;
la Création d'un canal de Bordeaux à Vaucluse.

Parmi les œuvres d'utilité publique auxquelles
il a collaboré, il convient d'en signaler une,
à raison de son importance. A chacun sa part de
mérites et de responsabilités : ainsi le demandent
la vérité et la justice. Il est bon d'ailleurs de jeter
un peu de lumière sur la première origine de
l'Ecole d'Artillerie de Tarbes. Un général bien

connu faisait usage des eaux de Barèges.
M. Vergez, qui était son médecin, lui parla de la
plaine de Tarbes, du plateau de Ger, de toutes
les facilités que ces lieux offraient aux expériences
du tir. Pour l'homme de guerre ce langage fut
une révélation ; il comprit vite tout ce que
renfermaient de pratique les idées exposées par
son interlocuteur. Ce jour-là, l'Ecole de Tarbes
était décidée en principe, ou du moins elle
devenait l'objet de sérieuses méditations. Le
projet est devenu une réalité. Deux régiments
d'artillerie avec tout le personnel de soldats et
d'officiers qu'ils comportent, quelle source de
revenus pour la ville ! Et les communes d'alentour, n'ont-elles pas leur large part de bénéfices,
notamment par le débouché offert à leurs
fourrages ?

****

Si les intérêts matériels éveillaient la sollicitude
de M. Vergez, n'est-il pas vrai de dire que le
meilleur de son zèle et de son dévouement
appartenait aux questions d'un ordre supérieur ?
On sait avec quelle vigueur il a défendu la liberté

de l'enseignement, les droits sacrés de la famille ;
on sait encore que toute entreprise contre la
saine morale le trouvait debout, sur la brèche,
avec son inflexible honnêteté. Un homme de
cette trempe pouvait-il transiger avec les idées
nouvelles ? Assurément non. Il était donc gênant ;
il déplaisait. Aussi la mauvaise presse avait-elle
de bonne heure essayé de le décourager ; elle ne
lui ménagea pas la raillerie, et ses déclamations
trouvaient au dehors des échos complaisants. Les
idées nouvelles d'ailleurs, en déplaçant la majorité,
devaient bientôt prévaloir dans les délibérations,
et frapper d'impuissance les plus généreux
efforts.

Mais le courage dont le bien est l'unique
mobile ne désarme pas facilement ; l'intérêt
personnel ne saurait l'aveugler, ni le respect
humain le refroidir. Aux attaques il répond par
le silence et le pardon. Rien donc ne déconcertera
M. Vergez, ni l'insuccès, ni le persiflage. Il
protestera énergiquement contre toute mesure
antisociale.

*_**

De tels hommes ne sont-ils pas nécessaires pour tenir haut et ferme le drapeau des saines doctrines lorsque la tourmente menace de l'emporter ? Leurs résistances soutiennent les courages, vengent la conscience publique. Si elles n'arrêtent pas la marche du mal, elles peuvent du moins la retarder ; en tout cas, elles portent avec elles la plus douce récompense, celle du devoir généreusement accompli.

M. Vergez fut l'un de ces hommes ; il vint aux époques troublées ; son mandat de conseiller général commença entre la Royauté et l'Empire ; renouvelé après la chute de celui-ci, il n'a plus subi d'interruption.

En 1855, alors que la maladie le condamnait à l'isolement, M. Vergez crut que la conscience lui faisait un devoir de le résigner. Tel ne fut pas l'avis de ses compatriotes ; ils estimèrent que la mort seule devait en être le terme : touchant témoignage de reconnaissance et de dévouement qui mérite bien d'être rappelé ! Eh bien, ce mandat, M. Vergez le remplira scrupuleusement, dans la mesure de ses forces. Malade, incapable d'assister aux séances du Conseil général, il trouvera le moyen de parler encore par les nombreux projets de vœux qu'il lui adressera ; nous avons mentionné les plus importants. Un ami s'en fera l'interprète, et l'assemblée leur fera toujours bon accueil. Une idée lui souriait particulièrement : la création d'un canal qui, mettant en communication l'Océan et la Méditerranée, donnerait au commerce un nouvel essor, et permettrait à notre flotte de passer rapidement d'une mer à l'autre. Cette idée féconde fait son chemin ; elle est l'objet d'études sérieuses.

§ II. — L'HOMME DE SON PAYS

Par les nombreux services qu'il lui a rendus, M. Vergez a été véritablement le bienfaiteur du canton de Luz.

Jamais homme n'aima plus son pays ; jamais il n'en reçut plus de dévouement et de reconnaissance. Sa mort a été un deuil général. « Toute la vallée le pleure, écrivait-on quelques jours après. Les services qu'il a rendus ne pourraient se compter, et sa haute intelligence disparue laisse dans le pays un vide qu'on ne comblera jamais. »

Pourquoi ces regrets, et de quels services témoignent-ils? Ils s'adressent à l'éminent docteur qui a tant fait de bien à Barèges, et auprès duquel accouraient les malades de la vallée sitôt qu'on signalait sa présence. Ils s'adressent encore à l'homme bon, dévoué, à l'homme des sages conseils. Oui, des rangs élevés de la société, M. Vergez savait descendre aux conditions inférieures ; il se faisait tout à tous. Le paysan, l'ouvrier l'abordaient facilement ; ils pouvaient compter sur un accueil cordial, sur une conversation dont la bonhomie et l'entrain les charmaient. Volontiers ils l'initiaient à leurs affaires, assurés qu'ils étaient d'en recevoir des conseils utiles.

Ces regrets s'adressent à l'homme public chez qui tous les droits, tous les intérêts trouvaient un défenseur.

Il est sans doute des circonstances où le dévouement, profitable aux uns, ne laisse pas que de déplaire aux autres. Mais l'honnête homme a sa devise invariable : Fais ce que dois, advienne que pourra.

La commune de Luz sollicitait le partage des revenus de la vallée, en prenant pour base le chiffre de la population. Sa demande était accueillie avec faveur par l'Administration. Deux magistrats, à la probité reconnue, successivement Sous-Préfets d'Argelès,[1] concluaient, dans des mémoires séparés, à l'adoption de cette base de répartition, oubliant ainsi les droits consacrés par l'usage et les intérêts des communes rurales. Mais M. Vergez connaissait l'histoire de son pays ; il avait découvert l'acte d'acquisition des libertés, franchises, biens de toute sorte, faite par les villages à Charles V, roi de France et comte de Navarre. Cette découverte réduisait à néant le travail de ces deux fonctionnaires. La ville de Luz néanmoins conservait tous ses feux, dont une partie allait de droit aux communes de Gèdre et Gavarnie, détachées de son sein en 1843 ; et celles-ci désormais étaient admises à la répartition générale des revenus. C'est ainsi que M. Vergez conciliait tous les droits et tous les intérêts.

[1] M. Duboé et M. de Sales.

L'industrie pastorale avait aussi une large part dans ses préoccupations. Parmi les montagnes qui composent le massif de Gavarnie, la plus belle sans contredit c'est Ossoue : vaste étendue, pentes adoucies, riches pâturages. Or les herbages appartiennent de moitié aux Espagnols de la vallée de Broto. L'étranger maître chez nous, au préjudice de toute une vallée, n'est-ce pas une anomalie criante ? M. Vergez avait à cœur de la faire cesser en rachetant les herbages. Ce but à atteindre, maintes fois il l'avait signalé à la Commission Syndicale, l'exhortant à réaliser les ressources nécessaires. La suite de ce récit dira comment, pour de longues années, elle a mis la vallée dans l'impossibilité de racheter Ossoue.

[*]

Une grave question qui intéressait le département non moins que le canton de Luz a vivement préoccupé M. Vergez ; c'est celle du chemin de fer international à travers les Pyrénées. M. Colomès, le célèbre ingénieur, voulait que la ligne destinée à relier la France et l'Espagne traversât Gavarnie, et suivît la pente élevée des montagnes. D'autres, partisans de cette direction centrale, estimaient que la ligne devait suivre le fond de la vallée de Luz pour s'élever ensuite jusqu'à la hauteur du Marboré. Aux yeux de M. Vergez, le plan Colomès avait un grand mérite ; l'exécution serait rapide et moins coûteuse. Mais comment se résoudre à déshériter son cher canton d'une voie qui devait lui apporter la prospérité ? Toujours est-il qu'il a plaidé sans relâche la cause de la ligne internationale par Gavarnie.

Cette cause est-elle à jamais perdue ? L'avenir le dira. Dans cette hypothèse, la voie ferrée de Pierrefitte à Luz serait une compensation précieuse pour la vallée de Barèges ; ne serait-elle pas la solution la plus conforme à ses intérêts ? Ainsi le pensait M. Vergez. Les établissements mieux fréquentés, les touristes plus nombreux, l'exploitation des carrières devenue possible, toutes les industries favorisées, c'en était assez pour enflammer son zèle. Et à ces raisons d'utilité locale s'ajoutait, dans sa pensée, un intérêt vraiment national. Si de nouveau l'étranger envahissait nos plaines, dans quel lieu sûr et par quel moyen rapide pourrait-on remiser l'artillerie dont l'arsenal a doté la ville de Tarbes ? Ce lieu sûr, c'est la vallée de Barèges ; ce moyen rapide, le chemin de fer de Pierrefitte à Luz.

Mais cette voie en appelait une autre qui devait, dans une certaine mesure, l'aider à remplacer la ligne internationale ; c'est la route carrossable entre Gavarnie et l'Espagne. Qui n'en voit de suite l'importance commerciale pour les vallées des deux versants Pyrénéens ? Cette route, croyons-nous, ne tardera pas à recevoir son exécution,

Avec quelle ardeur M. Vergez n'a-t-il pas poursuivi l'établissement de l'une et l'autre voie ! Avec quelle constance n'a-t-il pas renouvelé ses vœux au Conseil général !

Espérons que des temps meilleurs se lèveront sur la France, et que les finances, redevenues prospères, permettront de donner satisfaction à tous les intérêts vraiment légitimes.

§ III. — LE DOCTEUR, A MONTPELLIER ET A BARÈGES.

M. Vergez étendait sa sollicitude à tous les grands intérêts du canton, sans pourtant négliger les autres. Mais Barèges fut le théâtre principal de son zèle comme de sa science. Là nous retrouverons surtout le Docteur ; c'est de lui qu'il nous reste à parler.

Mais comment étudier le Docteur sans remonter au berceau de sa science, alors surtout que ce berceau fut si glorieux ? La Faculté de Montpellier était alors sans rivale. Elle comptait des maîtres éminents qui, à la supériorité de l'intelligence, joignaient la pureté des principes : l'enseignement était avant tout spiritualiste. Une jeunesse nombreuse se pressait autour de leurs chaires : jeunesse d'élite , dont l'émulation surexcitait l'ardeur. Quel milieu plus propice aux fortes et saines études ?

La place de M. Vergez était bien là. Il apportait avec lui tous les éléments du succès: l'intelligence vive, l'activité dévorante et la rectitude de la vie.

Aussi le cercle des études qui conduisent au doctorat fut-il parcouru brillamment ; et déjà le titre de Prosecteur avait été conquis.

Au terme de cette première période, M. Vergez rentrait en lui-même; puis, regardant autour de lui, il comprit qu'il pouvait aller plus loin. Le disciple aspirait à devenir maître; il lui fallait une chaire. C'était donc le concours supérieur à affronter, la lutte à soutenir contre les vaillants. Et dans le nombre on en comptait qui étaient particulièrement redoutables : enfants de la fortune et de la faveur, tous les appuis humains leur promettaient le succès. Se mesurer avec de tels adversaires n'était-ce pas de la témérité? Que pouvait espérer un candidat sans crédit, quel que fut d'ailleurs son mérite personnel ?

M. Vergez devait être l'enfant de ses œuvres ; il ne l'ignorait pas. Aussi, loin de l'abattre, l'épreuve retrempera son courage et redoublera son ardeur. Il marchera résolument au but, comptant bien forcer les suffrages dont l'impartialité lui paraissait douteuse ; et le succès couronnera sa constance. La supériorité du mérite, en effet, désarmait la faveur ; le titre de Professeur-Agrégé était emporté de haute lutte. [1]

Il avait donc fièrement dressé sa tente. Désormais son intelligence prenait un libre essor avec l'indépendance et l'autorité du professeur. Et il ne fut pas sans éclat l'enseignement du nouveau maître : témoin la reconnaissance impérissable des élèves ; témoin encore la chaude amitié dont l'honorèrent ses confrères, maîtres de la première heure ou compagnons d'armes. Et ce n'étaient pas les moins illustres : les Lordat, les Dubreuil, les Bouisson, les Courty, les Combal. En même temps que l'enseignement, ses écrits traçaient un sillon lumineux. Ils révèlent l'esprit investigateur qui explorait avec grand succès le champ de la physiologie, objet préféré de ses études. A quelle profondeur est-il descendu, notamment dans la question de la *Régénération Nerveuse* ? Quels résultats jusqu'alors inconnus ses expériences ont-elles amenés ? Il serait diffi-

---

[1] Thèse de l'Agrégation : *Appréciation de la valeur des services que l'Anatomie, la Physiologie et la Chimie ont rendus pour l'étude des maladies épidémiques* (Mars 1843), par H. VERGEZ, Prosecteur de la Faculté de médecine de Montpellier.

cile de le préciser, malgré les indices fournis par quelques publications relatives à la matière.[1]

Toujours est-il que l'opinion le classait parmi les premiers physiologistes de France.

***

M. Vergez s'arrêtera-t-il à moitié chemin dans une carrière si brillamment inaugurée ? Pour lui, de la chaire du suppléant à celle du titulaire il n'y avait qu'un pas; simple question de temps. Marchera-t-il, à la suite des grands maîtres, dans la voie qui conduit à la réputation et à la fortune ? La raison le conseillait, et les amis le pressaient de ne pas se dérober à ce bel avenir. Mais la voix de la famille et du sol natal se faisait entendre; le cœur parlait plus haut que la raison, et le cœur l'emporta. Après quelques années partagées entre Montpellier et Barèges,

---

[1] *Coup d'œil historique et recherches expérimentales sur les Regénérations Nerveuses*, par H. VERGEZ, Docteur en médecine, Prosecteur de la Faculté de médecine de Montpellier, membre titulaire de la Société de médecine et chirurgie pratiques (1842).

Philosophie Anatomique, par H. VERGEZ, Professeur-Agrégé, etc., Membre correspondant de la Société royale de médecine de Bordeaux, etc. (1844).

il disait adieu à l'enseignement pour se dévouer à la station thermale.

Et Barèges, à son tour, était une terre à conquérir. M. Pagès, en effet, était là, avec un mérite réel, une réputation solide et le titre d'Inspecteur. Une telle situation présentait des obstacles sérieux. Mais M. Vergez ne comptait plus avec les obstacles, il avait appris à les vaincre. Il voulait sa place au soleil, et il la prendra. Enfant du pays, sa réputation de haute intelligence était faite; et à ce premier renom il ajoutait le prestige du savoir couronné. En fallait-il davantage pour courir au succès ? On se le disait tout haut dans la station : « Si vous voulez de la science, allez à M. Vergez » ; et les malades voulaient de la science, car la science guérit.

Ses débuts d'ailleurs furent ceux d'un maître. On n'a pas oublié la guérison de cette malade dont la situation grave tenait tout Barèges dans l'anxiété.[1] La cure, en effet, fit grand bruit; elle mit en pleine lumière le dévoûment et l'habileté du docteur. C'était l'affirmation éclatante de ses hautes qualités. Les guérisons d'ailleurs

[1] Mme Mauriac, de St-Aquilin (Dordogne).

succédaient aux guérisons. Fallait-il s'étonner de voir la clientèle grossir rapidement ? Les malades appelaient les malades. Les amis de M. Vergez, confrères de Montpellier et d'ailleurs, les envoyaient nombreux.

Grâce à lui, le Languedoc, le Gers, les Landes; le Périgord, le Bordelais, les Charentes étaient devenus tributaires de Barèges. Paris lui-même fournissait son contingent; il envoyait des membres éminents de la Finance, de la Magistrature et du Barreau. Ah ! c'est que pour les sommités médicales de Paris M. Vergez n'était pas un inconnu; ses écrits leur avaient révélé le maître, et elles lui confiaient les malades avec une entière sécurité. Sa situation était déjà prépondérante lorsque M. Pagès quitta Barèges. A partir de ce jour, il devenait le roi de la station thermale.

*
**

Mais voilà qu'une situation nouvelle venait de lui sourire; et elle était faite pour le tenter. Il avait épousé la fille de M. Dumestre, l'ami de M. Massey. Nommer M. Dumestre c'est nommer l'homme éminemment honorable, à qui les rares qualités de l'esprit et du cœur avaient fait une large place dans l'estime publique. C'était le médecin distingué qui, après la campagne de Russie, avait consacré son savoir et son dévouement aux malades de Tarbes; et l'on sait que l'aristocratie d'alentour faisait appel à ses lumières. Il occupait le premier rang. Or, M. Dumestre mourait le lendemain du jour où il avait donné la main de sa fille à M. Vergez. Celui-ci était assurément de taille à recueillir la succession; il pouvait compter sur une clientèle nombreuse. Et, disons-le discrètement, ce ne fut pas d'un cœur joyeux que les situations acquises saluèrent la venue du professeur agrégé dont le nom était déjà si connu.

Vaines et inutiles frayeurs ! M. Vergez résidera à Tarbes les deux tiers de l'année, mais il ne sera pas un rival. Volontiers il continuera ses soins aux clients de Barèges habitant la ville ou les environs; sa porte sera toujours ouverte aux malades amis, aux nécessiteux; il entendra tous les appels qui, dans les cas difficiles, seront faits à son savoir. . Mais avant tout il voudra que l'hiver le repose des fatigues de l'été, conciliant ainsi les jouissances professionnelles et l'amour

du bien avec les exigences de la santé. Pouvait-il
d'ailleurs accepter une clientèle qu'il devrait
délaisser pendant quatre mois ? Non, la conscience le lui défendait; il l'avait déclaré formelle-
ment. Barèges était le centre de ses affections;
il suffisait à son ambition comme à son activité.

***

A quelles causes faut-il attribuer un succès
aussi rapide qu'éclatant dans cette station ? A
l'efficacité des eaux et à la science du docteur.
L'éloge de Barèges n'est pas à faire; sa vieille
réputation est là qui lui assigne le premier
rang parmi les Thermes pyrénéens. Mais, à
raison même de leur merveilleuse vertu, ses
eaux commandent la prudence ; elles ne veulent être employées que par des mains habiles.
Or, qui mieux que M. Vergez possédait le
secret de cette vertu et de cet emploi? Dès ses
premières études médicales, il avait avec un soin
jaloux étudié la nature et les propriétés de ces
eaux ; et lorsque vint l'heure qui lui permettait
de les administrer, il était déjà prémuni contre
toute médication imprudente. La théorie éclairait

la pratique d'une lumière sûre ; la pratique à son tour confirmait la théorie ; l'une et l'autre, se perfectionnant, conduisirent le docteur à de merveilleux résultats. Que de santés refaites ! Que de tempéraments reconstitués ! Que de guérisons étonnantes qui tenaient presque du prodige ! Et plus les résultats heureux se multipliaient, plus ces eaux paraissaient cacher de trésors, qui demandaient à être exploités. Grande était la joie de M. Vergez en présence de ces cures qui quelquefois dépassaient ses espérances. Disons mieux, grand était son enthousiasme à la vue d'une efficacité si puissante.

Et cette efficacité n'était pas moins variée que merveilleuse. Il est déjà grand le nombre des guérisons dont Barèges possède le monopole. Que de malades cependant qu'une science vulgaire aurait envoyés à Cauterets ou ailleurs, et qui, sous l'habile direction de M. Vergez, recouvraient la santé à Barèges ! N'en a-t-on pas vus que d'habiles praticiens, à bout d'expédients, envoyaient là en désespoir de cause ? Et là c'était une sorte de résurrection qui s'opérait.

Chose étonnante, ce semble ! Ces eaux douées d'une si grande énergie, M. Vergez les proclamait éminemment favorables à l'enfance et à la vieillesse. Leur usage commandait la circonspection ; et assurément il avait le secret des proportions à garder entre le mal et le remède. Néanmoins le traitement énergique était sa règle ordinaire : emploi simultané des bains, des douches et de la boisson, mais hardiment pratiqué ; longue durée du traitement. Quelques jours d'un repos sagement interposé procuraient au malade les distractions du touriste, si toutefois il n'allait demander à la source Barzun, plus douce, la continuation de la cure en même temps que le délassement nécessaire.

Les eaux de Barèges étaient un agent puissant entre les mains de M. Vergez ; et, autant que possible, il ne guérissait que par elles. L'opération chirurgicale, il ne la pratiquait ou ne la conseillait que lorsque leur insuffisance était devenue manifeste.

***

Elle fut donc bien féconde la carrière médicale de M. Vergez. Sous son habile direction, la prospérité de Barèges ne se démentit point ; et cette prospérité était la source principale où s'alimentait celle de la vallée. C'est dans cette mesure que, pendant quarante ans, cet homme a tenu dans ses mains la fortune du pays.

Mais de tels résultats ne vont pas sans de grands labeurs. Or les grands labeurs amènent les grandes fatigues, et celles-ci finissent par abattre les tempéraments les plus robustes.

Disons-le bien haut, Barèges a beaucoup perdu en perdant le docteur Vergez. Grand fut l'émoi général lorsqu'on apprit qu'il ne devait plus retourner à son poste ! Dans la vallée c'était la consternation : Qui donc allait combler le vide immense qui venait de se faire? Chez les clients, c'étaient le découragement et la tristesse. Ils avaient perdu le praticien habile qui leur avait fait tant de bien ; l'ami bon, compatissant, dévoué, qui, dans les heures d'épanchement, se plaisait à dire : « Mes malades, je les aime comme mes enfants ». Les uns continuèrent à réclamer ses lumières ; les autres suivaient scrupuleusement les prescriptions déjà reçues ; d'autres enfin renonçaient à la station où ils ne devaient plus retrouver le cher docteur.

On comprend sans peine tout le prix que M.
Vergez attachait à la sage administration des
établissements : la santé des malades et la
prospérité de la vallée en font un besoin impé-
rieux. Ces deux intérêts, il les faisait marcher de
front, et l'on sait quelle était sa compétence en
pareille matière.

Jeune encore, il rendait à Barèges un service
signalé. Le Pavillon des Officiers empêchait la
reconstruction des Thermes. Vainement le Syndicat avait longtemps sollicité la démolition de ce
bâtiment. M. Vergez prit l'affaire en main, fit
le voyage de Paris, et le succès couronna ses
efforts auprès de l'administration militaire : le 12
septembre 1847, une ordonnance royale autorisait
l'échange du Pavillon contre l'Hôtel de Vergez,
appartenant à la Vallée. En 1851, il faisait appuyer
par le Conseil général la demande d'une subvention
de 150,000 francs.

On pouvait dès lors rebâtir : œuvre délicate,
qui commandait les plus grandes précautions.
Elle fut exécutée sous la direction d'ingénieurs
habiles ; M. Vergez, de son côté, suivit d'un œil
vigilant la captation des sources, leur distribution,
et tous les aménagements.

[*]

Le pays possédait enfin deux belles stations, Barèges et St-Sauveur ; il n'avait qu'à les administrer en bon père de famille. Tout semblait le lui conseiller. L'exploitation des établissements par le Syndicat, sagement pratiquée, n'était-elle pas en effet le meilleur moyen de sauvegarder les intérêts du pays ? Pouvait-on d'ailleurs la passer à des mains étrangères sans se décerner gratuitement un brevet d'incapacité ?

Cependant des sollicitations puissantes poussaient le pays à aliéner ses thermes. Cette tendance, M. Vergez n'hésita pas à la combattre. En 1851, malgré l'intervention d'un préfet puissant,[1] il réussit à conjurer ce malheur ; et long-temps il combattit avec le même succès. Mais n'est-il pas des heures d'aveuglement où les populations ferment l'oreille aux plus sages conseils ? La vallée de Luz les a connues, lorsque, en concédant les stations thermales, elle a fini par se donner des maîtres, et cela pour une période de cinquante ans.

[1] M. Massy.

Dans une brochure publiée le 4 octobre 1874, [1] M. Vergez, une dernière fois, dénonçait tous les périls de cette concession, et, disons-le bien haut, son langage était inspiré par la conviction la plus profonde ; aucune personnalité d'ailleurs n'était en cause. Une Société fermière lui paraissait inutile et nuisible.

Elle lui paraissait inutile : car la Vallée, avec un emprunt modéré, pouvait réaliser les améliorations que réclamaient les stations thermales, et créer ensuite un fonds de réserve pour l'avenir.

Elle lui paraissait nuisible : il n'ignorait pas que l'intérêt propre guiderait seul la Société, et que celui de la Vallée la trouverait, sinon hostile, du moins indifférente.

Deux éventualités préoccupaient vivement M. Vergez. La liberté du tarif, tant convoitée, n'allait-elle pas diminuer la clientèle des établissements ? Et en face de graves nécessités que pouvait créer l'avenir, que ferait la Vallée, si elle était réduite à une simple redevance, peut-être amoindrie ?

---

[1] Dernier avertissement à la Commission syndicale de la vallée de Barèges.

Mais laissons-le parler lui-même :

« Quelle qu'elle soit, disait-il à MM. les syndics,
« une Compagnie ne vous apportera ni affection,
« ni dévoûment ; elle ne vous connaît pas. Le
« sentiment de la reconnaissance lui est étranger.
« Comme tous les êtres collectifs formés dans
« un but d'exploitation, c'est un corps sans
« entrailles.....

« .....On n'aspire à rien moins qu'à la liberté
« du tarif, qui met l'omnipotence dans les mains
« du concessionnaire. Pour les naïfs elle dérive
« de la liberté commerciale, comme si la liberté
« pouvait exister là où l'usage est forcé. Mais
« cette faculté immorale, car c'est la faculté de
« faire l'usure, elle ne sera jamais octroyée ; j'en
« ai pour garant l'autorité morale du Conseil
« général (session du mois d'août 1871), le fruit
« de l'expérience, la probité de M. le Préfet et son
« affirmation solennelle au sein de la Commission
« syndicale. Ce magistrat disait avec raison que
« s'il est une station thermale où le prix doive
« rester modéré, c'est Barèges, parce que Barèges
« appartient non-seulement au canton et au
« département, mais encore à l'humanité. Ses
« eaux rentrent en effet dans la classe des choses

« nécessaires. Pour certains états morbides, elles
« sont aussi indispensables que l'air à la respi-
« ration, les aliments à la nutrition ; leur équiva-
« lent n'existe nulle part. Aussi est-il vrai de dire
« que la souffrance possède sur elles des droits
« primordiaux, innés, indestructibles comme
« tout ce qui émane de Dieu.....

« Peut-être osera-t-on vous proposer une
« redevenance amoindrie. Mais si vous aviez le
« malheur d'accéder à cette proposition, avec
« quoi, alors surtout, je vous le demande, entre-
« tiendrez-vous vos pauvres dans un temps de
« disette ?

« Avec quoi fourniriez-vous du travail à
« l'ouvrier, lorsque, dans quelques années, les
« travaux publics, l'endiguement des avalanches,
« le reboisement des montagnes, la rectification
« des routes, la reconstruction des ponts de Sia
« et d'Esdourroucats seront achevés ?

« Avec quoi contracterez-vous un emprunt
« lorsque l'heure de la revanche aura sonné, si
« on vous demande une contribution de guerre ?

« Et si, comme le disent certaines probabilités,
« les habitants de la vallée de Broto veulent
« céder, à prix d'argent, leur part des herbages

« d'Ossoue, avec quoi achèterez-vous la moitié de
« cette montagne dans laquelle il serait facile de
« créer une très belle fruitière, de développer à
« un degré inconnu l'industrie pastorale ? »

****

Une dernière fois, M. Vergez conjurait la
Commission syndicale de renoncer à une mesure
qui devait gravement compromettre les intérêts
du pays. Vains efforts ! L'entraînement était
irrésistible ; l'opinion publique, déchaînée par
toute sorte de moyens, était devenue le torrent
impétueux, que rien ne saurait plus contenir.

Les prévisions de M. Vergez étaient-elles
hasardées ou entachées d'exagération ? Les
calculs les plus rigoureux et les données de
l'expérience leur servaient de base.

L'évènement les a-t-il pleinement justifiées ?
Le pays est là pour répondre. Qu'on interroge en
particulier les habitants de Barèges, propriétaires
de maisons, ouvriers, industriels. Les saisons,
répondront-ils, sont mauvaises, et mettent tous
nos intérêts en souffrance.

Et les causes de cette situation où sont-elles ?
Ah ! diront-ils encore, depuis plusieurs années

M. Vergez n'est plus là ; Barèges a perdu l'homme dont la grande réputation maintenait sa prospérité. Ils allègueront encore le malaise général qui alarme les fortunes. Mais ils signaleront d'autres causes, et notamment la liberté du tarif. Oui, l'élévation des prix éloigne les malades peu aisés, et ils sont nombreux ; les autres, elle les condamne à l'économie, et diminue ainsi la durée de leur traitement.

L'expérience est faite. Le pays enfin désabusé regrette amèrement de n'avoir pas suivi les conseils de M. Vergez. Une fois de plus il a pu apprécier l'homme qui possédait l'intelligence et l'amour de ses vrais intérêts. Aussi sa reconnaissance n'en a fait que grandir ; il l'a hautement affirmée par la persistance avec laquelle il lui a continué le mandat de conseiller général.

[*]

Mentionnons enfin l'une des préoccupations les plus vives de M. Vergez. Barèges est le rendez-vous de grandes infirmités. La religion n'y saurait être trop en honneur : car aux grandes misères, les grandes consolations.

Or, Barèges ne possède pas d'église. Le service divin depuis longtemps célébré dans une chapelle à peine décente, tous les intérêts lésés de ce chef, M. Vergez pouvait-il ne pas s'émouvoir d'une telle situation ? Le patriote, le chrétien, le conseiller général et le docteur ne devaient-ils pas en souffrir ? Mais les bonnes œuvres d'ordinaire souffrent contradiction. Là comme ailleurs, deux grands obstacles s opposaient à la construction de l'église : le choix d'un emplacement et le manque de fonds. Que de rivalités suscitées par la désignation d'un local ! On a voulu bâtir un peu partout, et l'on n'a bâti nulle part. En tout cas, ce n'est pas à M. Vergez qu'on peut reprocher d'avoir obéi à des considérations personnelles. L'un des emplacements proposés était voisin de sa maison ; il devait, ce semble, obtenir ses préférences. Il n'en a pas voulu ; car il est trop restreint, et l'église y serait exposée aux coups de l'avalanche. Mais laissons là toute récrimination.

Le défaut de ressources était un obstacle non moins sérieux. Le 10 août 1874, la Commission syndicale, sur la proposition de M. Vergez, votait la somme de quarante mille francs. Elle faisait en même temps appel au secours de l'Etat et à la charité publique. Le moment était opportun. L'hostilité de l'Etat n'existait pas ; et qui mieux que M. Vergez pouvait faire appel à la charité ? N'avait-il pas une clientèle aussi dévouée que nombreuse, une clientèle qui, pour affirmer sa générosité, n'attendait qu'un commencement de construction ? Mais M. le Préfet ne crut pas devoir accueillir favorablement le vote du Syndicat, sous prétexte que le cahier des charges pour la concession des établissements mettait la construction de l'église au compte des futurs concessionnaires. La Société fermière est venue ; et elle n'a point bâti ; quelque changement introduit dans les clauses de l'adjudication l'en a sans doute dispensée.

M. Vergez va-t-il perdre courage et déserter une si noble cause ? oh ! non. En 1882, il constituait le Syndicat des habitants de Barèges chargé de recueillir des fonds. De nouveau il faisait appel à la Commission syndicale, et de nouveau celle-ci accueillait favorablement sa demande ; le 7 août de la même année, elle votait la concession d'un terrain et la somme de quarante mille francs, qui serait réalisée à l'aide d'un emprunt.

La question en était là, lorsque la maladie mit fin aux généreux efforts de M. Vergez. La somme allouée n'en demeure pas moins acquise ; elle est destinée à payer et à convertir en église une belle maison dont la Vallée, en 1886, est devenue propriétaire, au centre de Barèges.

Grande fut la joie du bon docteur lorsqu'il apprit qu'on avait acheté cet immeuble, et que le culte y était installé quoique d'une façon provisoire. L'opposition ne désarme pas. Espérons néanmoins que la maison Sassissou sera bientôt transformée en église ; et dans cette transformation on retrouvera la main de M. Vergez.

****

Le zèle le plus pur et le plus persévérant n'est pas toujours couronné par le succès. Qui donc peut se promettre de conduire à son gré les hommes et les événements ? Néanmoins les tentatives en apparence infructueuses sont souvent le germe qui lentement se développe et finit par porter des fruits inespérés. Et toujours elles ont le mérite du devoir accompli.

§ IV. — Dernières années du docteur Vergez.

Nous l'avons déjà dit, M. Vergez ne soutenait plus le labeur de Barèges qu'au prix de grandes fatigues. Les forces déclinaient et la tâche était toujours la même. La famille le pressait de renoncer à la station ou de diminuer le travail. Mais le docteur comptait sur la vigueur de son tempérament ; les malades d'ailleurs étaient là, toujours avides de conseils, de soins, et ils savaient combien il en était prodigue. La saison de 1882 fut la goutte d'eau qui devait faire déborder le vase.

C'était le 28 octobre de la même année ; une attaque de paralysie frappait M. Vergez et condamnait à l'immobilité cet homme si laborieux, si actif. Deux ans plus tard, une nouvelle crise affectait les organes de la parole. Depuis les infirmités ont succédé aux infirmités ; et que de douleurs cruelles ont torturé cette existence qui, contre toutes les prévisions, a duré six ans ?

Sans doute, la vigueur du tempérament et les ressources de sa science personnelle devaient prolonger les jours de M. Vergez. Mais ne faut-il pas, avec lui, asssigner d'autres causes à cette prolongation ? « J'ai demandé, disait-il, la grâce d'une longue maladie... Si ma vie dure autant, je le dois à toutes les prières que l'on fait pour moi ». On a beaucoup prié, en effet, à Lourdes, dans plusieurs communautés religieuses. Par les soins d'une personne, qui avait voué au malade un culte de reconnaissance et d'affection, une neuvaine perpétuelle était faite à Tours devant la Sainte Face. Il a tant prié lui-même !

Mais qu'il soit permis de dire ici comment se sont écoulées les six années de cette existence si éprouvée ; comment M. Vergez a su leur faire porter des fruits pour les autres et pour lui-même.

Après une carrière si bien remplie, et sous le coup de graves infirmités, il pouvait enfin goûter le repos. Mais non ; il voulut utiliser jusqu'au bout les dons qu'il avait reçus. Convaincu que l'homme doit toujours s'instruire, il lisait les revues spéciales ; il suivait avec soin les progrès de l'art médical. « J'ai vu une ordonnance de M. Vergez, disait un de ses confrères, peu de jours avant la mort ; elle m'a dit que cet homme se tient au courant de la science. » Aussi les malades, s'il était possible de les recevoir, trouvaient-ils auprès de lui le même accueil facile et cordial, les mêmes conseils, les mêmes soulagements. Et que de fois le médecin du corps ne fut-il pas pas aussi le médecin de l'âme !

Aucune des affaires qui intéressaient son pays ne le trouvait indifférent. Il était heureux d'employer son influence toutes les fois qu'elle paraissait devoir être utile.

Mais au dessus des intérêts du temps, M. Vergez savait placer ceux de l'éternité. Si depuis longtemps sa vie était à Dieu, désormais elle suivait cette direction supérieure que tout bon chrétien donne à une existence dont il sent approcher le terme. La communion, trois fois par semaine, était sa règle constante ; il n'y dérogeait que pour de graves raisons, et toujours à contre-cœur. La prière était souvent sur ses lèvres : comme il aimait à égrener son chapelet, et à invoquer Notre-Dame de Lourdes ! Le Crucifix et la Sainte Face étaient l'objet d'une dévotion spéciale. De pieuses lectures fortifiaient son âme en même temps qu'elles charmaient son intelligence. Et il avait ses livres de prédilection : Le Nouveau

Testament, l'Imitation de Jésus-Christ, un livre de méditations, Saint Paul, Bossuet, le Père Faber.

C'était un spectacle bien touchant que celui de cet homme calme et résigné dans la souffrance, puisant à toutes les sources de la grâce le courage qui soutient et l'espérance qui console, élevant de plus en plus son cœur vers une patrie meilleure, à mesure que celle-ci paraissait lui échapper. Quelquefois, pour le distraire et l'encourager, on lui parlait de l'avenir, des événements dont il serait le témoin. D'un signe de la main il montrait le ciel comme pour dire : C'est de là-haut que je les verrai s'accomplir.

Un lien cependant l'attachait à la terre, lien bien légitime, lien aussi doux que puissant, c'était la tendresse paternelle, et elle débordait de son cœur. Ce n'est pas sans un profond déchirement que la mort est venue le briser. Mais la grâce avait fait son œuvre ; la résignation était à la hauteur de cette épreuve suprème.

III

TÉMOIGNAGES DES AMIS

I

« T....., le 25 novembre 1888.

« M.

« Je viens d'apprendre, il n'y a qu'un instant,
« que votre cher et saint frère a quitté la terre
« cette nuit. Depuis deux jours seulement, je
« savais l'état plus grave de sa maladie, et nous
« priions pour lui. Hier soir même, je dis à la
« communauté d'offrir pour son âme, d'une ma-
« nière conditionnelle, l'indulgence de la sainte
« communion d'aujourd'hui. Nous devions bien
« ce témoignage de sainte affection à celui qui a

« eu tant de dévouement pour nous, et dont le
« courage chrétien, la grande foi, au milieu de
« ses souffrances, nous ont tant de fois édifiées.
« Pour lui, sûrement, l'éternité où il est entré
« est le lieu de repos, de rafraîchissement, de
« lumière, de paix. Mieux que tous, vous devez
« le savoir, vous à qui votre amitié de frère et
« votre grâce de prêtre révélaient mieux cette
« belle âme.

« Veuillez dire à vos chers neveux nos senti-
« ments de profonde sympathie ; nous sentons
« bien tout ce qu'ils perdent. Nous n'oublions
« pas dans nos prières de joindre leur souvenir
« à celui de leur bien-aimé père, et de lui témoi-
« gner ainsi notre reconnaissance.

« Veuillez recevoir, etc. »

II

« T....., le 26 novembre 1888.

« M.

. . . .

.... « Je regrette profondément de n'avoir
« pu prendre la parole sur sa tombe pour rendre

« un public hommage à une vie si pleine de
« mérites, de dévouement et de vertus ; l'hom-
« mage était certainement dans toutes les bouches
« et dans tous les cœurs ; mais j'aurais été heu-
« reux de m'en rendre l'interprète.

« Je n'oublierai jamais les cordiales et affec-
« tueuses relations qui existaient entre votre digne
« et respectable père et moi. Personne n'oubliera
« dans le pays qu'il ne fut pas seulement l'un
« des maîtres les plus distingués et les plus
« autorisés de la science à laquelle il avait con-
« sacré sa vie, et qu'il mettait avec tant de
« désintéressement au service de toutes les mi-
« sères de l'humanité souffrante, mais qu'il fut
« aussi toujours au Conseil général et partout le
« défenseur zélé des intérêts de son pays, et
« l'avocat dévoué de toutes les nobles causes.
« Les pères et mères de famille de notre ville
« n'oublieront jamais surtout que c'est à son
« dévoué et généreux concours que fut due prin-
« cipalement la conservation parmi nous des
« Ecoles chrétiennes des frères qui lui étaient si
« chères ....

« ... J'aurais été heureux de déposer sur sa

« tombe l'expression de leurs regrets et celle de
« leur vive et profonde reconnaissance.

« Veuillez recevoir, etc. »

III

« L....., le 26 novembre 1888.

« M.

« L'ouvrier de la première heure a reçu sa
« récompense. Après une vie si pleine d'actes de
« foi pour la gloire de Dieu et de la Mère Imma-
« culée, de témoignages en l'honneur des mira-
« cles de N.-D. de Lourdes, de bonnes œuvres de
« toute sorte, d'épreuves sanctifiantes et glo-
« rieuses, ce grand et courageux chrétien et
« savant Docteur voit au ciel, je n'en doute pas,
« Celle que Bernadette contemplait dans l'extase
« de la Grotte. Combien il est heureux ! Com-
« bien il est puissant auprès de Dieu par sa
« Mère ! Il protègera de là-haut ses enfants et
« toute sa famille.............................

« Je vous embrasse de tout cœur, etc. »

IV

« L....., le 26 novembre 1888.

« M.

« On vient de me communiquer la douloureuse
« nouvelle, et je veux, sans perdre un instant,
« vous dire combien je vous suis uni dans
« l'affliction et l'espérance. Votre vénérable et
« regretté frère avait facilement conquis mon
« affection. Je l'aimais et, aussi, je l'admirais.
« Pour moi c'était un maître, et mon grand
« désir serait de toujours suivre avec fidélité, et
« en pensant à lui, le sillon qu'il a tracé sous le
« regard de Notre-Dame de Lourdes. Il a obéi à
« notre bonne Mère. C'est là le solide fondement
« de notre espérance. Après avoir glorifié, ici-
« bas, l'Immaculée Conception, là-haut il conti-
« nuera à le faire ....
. . . .

« Recevez, etc. »

V

« St....., le 29 novembre 1888.

« M.

« Comment vous peindre ma douleur et celle
« de mes enfants en apprenant la mort du meilleur
« des amis ! Ah ! cet ami dont le souvenir est à
« jamais gravé dans nos cœurs est allé rejoindre
« au ciel celui que nous pleurons !

« Tous deux bénissent les êtres qu'ils ont
« aimés sur la terre et dont les pensées s'envo-
« lent vers eux.

« Merci, merci mille fois pour ces douloureux
« détails qui font pleurer et qui consolent. Vous
« pouvez compter que l'affection que j'avais
« vouée à votre père se reporte sur ses chers
« enfants que j'aime de tout mon cœur. Puisse
« le ciel veiller sur eux et leur envoyer toutes
« les consolations que l'on peut trouver ici-bas !
« L'exemple de votre bon père vous servira de
« guide dans le chemin de la vie. C'est le vœu
« de mon cœur....... Si une pensée peut sou-

« lager la douleur, c'est celle d'être partagée par
« de véritables amis......................
....
« Recevez, etc. »

VI

« T....., le 29 novembre 1888.

« M.

« J'apprends par le journal l'*Ere nouvelle* la
« mort de votre excellent et digne frère. Je l'ai
« tant connu et j'ai été si souvent à même d'ap-
« précier, parmi toutes ses qualités d'esprit et de
« cœur, le dévouement sans bornes qu'il portait
« à ses amis, que vous me permettrez de joindre
« mes regrets aux vôtres, et de déplorer avec vous
« cette perte cruelle. Vous y étiez, sans doute,
« préparé par les progrès continus quoique lents
« de l'inexorable mal dont il était atteint depuis
» quelques années ; le coup qui vient de vous
« frapper n'en a pas moins dû retentir doulou-
« reusement dans votre cœur. Mais ce qui doit
« être pour le frère comme pour le prêtre une
« précieuse consolation, ce sont les sentiments

« si chrétiens dans lesquels avait vécu et a dû
« mourir celui que vous pleurez aujourd'hui.
« Parmi les nombreux amis qu'il avait su se
« faire, il n'en est aucun, soyez-en convaincu,
« qui le regrette plus sincèrement que moi.

« Agréez, etc. »

VII

« F....., le 2 décembre 1888.

« M.

« Votre lettre m'a bien douloureusement émue
« et, quelque idée que vous ayez de mon affec-
« tion pour votre excellent père, elle est au-
« dessous de la réalité.

« Je n'ai jamais, je le dis après Mgr de Ladoue,[1]
« rencontré une nature aussi parfaite. Il avait
« sur tous points la supériorité, même en son
« humilité ; car lui seul, je crois, ignorait sa
« valeur. Lié par M. Lasserre à l'œuvre de N.-D.

---

[1] M. Vergez était le médecin et l'ami de M. l'abbé de Ladoue, qui, inquiet sur l'état de sa santé, ne voulut accepter l'épiscopat qu'après avoir consulté son cher docteur.

« de Lourdes, il y demeurera immortel ; et, honoré
« comme son image, que l'on retrouve dans les
« illustrations de cet ouvrage, il passera à la
« postérité.

« Merci de m'avoir parlé avec détail de ses
« derniers moments ; ils sont dignes de sa vie, et
« leur souvenir vous sera, je l'espère, une force
« pour parcourir la vôtre sans faillir...........

« Recevez, etc. »

VIII

« P....., le 3 décembre 1888.

« M.

« Quelle triste et navrante nouvelle vous m'ap-
« prenez ! Le bon Dieu vous a redemandé l'âme
« de votre digne et respectable père !!! Vous pleu-
« rez, je le comprends ; jamais père n'a entouré
« ses enfants de plus de tendresse ; jamais plus
« nobles exemples il ne leur a laissés. Ces exem-
« ples, j'en suis sûr, seront pour vous comme
« un second Evangile. Du plus profond de mon
« cœur, je m'associe à la douleur qui fait saigner
« les vôtres............ Le docteur Vergez, de

« chère et vénérée mémoire, était un ami pour
« moi. Je n'avais point oublié et j'oublierai moins
« que jamais le bien qu'il m'a fait et le charme
« des instants trop courts que j'ai autrefois
« passés avec lui à Barèges. Aussi son souvenir
« est pour moi ineffaçable ; il me suivra
« surtout à l'autel. Je prierai pour lui, je prierai
« pour ceux qu'il laisse, et je demanderai au
« Dieu qui éprouve de mettre un peu de baume
« sur leurs pauvres âmes endolories. Et j'ose
« vous dire, courage ! Celui que vous ne voyez
« plus n'est pas perdu pour vous ; ce n'est là
« qu'une séparation momentanée ; il vous attend
« là-haut......................................

« Je vous embrasse, etc. »

IX

« D....., le 4 décembre 1888.

« M.

« J'ai lu et relu avec le plus profond attendris-
« sement les lignes de l'*Ere nouvelle*, faisant
« connaître à tous le parfait chrétien, le docteur
« éminent, l'érudit remarquable, l'ami dévoué

« que nous pleurons !! Nous qui l'avons tant aimé,
« nous voudrions encore davantage. Il me tarde
« de lire l'article de Lourdes ....

    « Maintenant permettez à mon affection de vous
« adresser une question. Qu'allez-vous faire des
« trésors de science légués par votre bien excel-
« lent père ? Vous ne pouvez songer à les laisser
« dans l'ombre et l'oubli. S'il a eu la trop grande
« modestie, de son vivant, de ne vouloir faire
« parler de lui (il n'a pu y réussir assurément),
« il vous appartient de faire bénir sa mémoire
« par la publication de ses recherches et obser-
« vations médicales, fruit de longues et conscien-
« cieuses études. Que de fois l'ai-je supplié de le
« faire ! Il objectait toujours, mais avec regret,
« la fatigue qu'entraînerait pour lui l'ordre à
« à établir dans ses écrits. Ne pouvez-vous au-
« jourd'hui confier à une main *très très* sûre ces
« précieux documents ? Vous le devez, ce me
« semble, pour l'humanité souffrante et la mé-
« moire du plus distingué des docteurs. Faire
« connaître de plus en plus un tel père, n'est-ce
« pas l'aimer toujours davantage ?............
« ...... Avec quel bonheur nous lirions des
« écrits où cet excellent ami, perdu hélas ! nous

« apparaîtrait à chaque page ! Pardonnez-moi ;
« j'ai tant aimé ce père que je voudrais le voir
« apprécier et aimer de tous.....................
« Adieu, etc. »

***

Le désir exprimé dans cette lettre est bien
légitime ; mais il n'est plus possible de le satis-
faire. Montrer dans un travail de longue haleine
la nature des eaux de Barèges, en indiquer les
applications diverses par l'exposé des guérisons,
souvent étonnantes, qu'elles ont opérées, confir-
mer ainsi la théorie par une expérience de quarante années, aurait été une œuvre éminemment
utile à la science et à l'humanité ; elle eût digne-
ment couronné la carrière médicale de M. Vergez.
Il en avait conçu le projet, arrêté le plan. Les
matériaux étaient sous la main : observations
nombreuses, recueillies jour par jour, avec l'in-
dication précise de la maladie et du traitement ;
riche moisson de documents patiemment rédigés
qui établissaient la merveilleuse efficacité des
eaux de Barèges.

Pourquoi une œuvre si désirable n'a-t-elle pas

reçu le jour ? L'hiver seul laissait des loisirs à
M. Vergez. Mais les fatigues excessives de la
saison lui commandaient le repos ; il hésitait toujours à prendre la plume. Peut-être voulait-il
grossir encore le trésor de son expérience en
dérobant de nouveaux secrets à ces eaux qui lui
en avaient tant livrés. Peut-être encore comptait-
il sur quelques années de retraite qui lui auraient
permis de réaliser son œuvre. La maladie est
venue mettre fin à tous les projets. Pour produire
un ouvrage vraiment scientifique, coordonner
tant de matériaux et les fondre dans un tout
homogène. il fallait une intelligence encore
vigoureuse, en pleine possession de toutes ses
facultés : car la tàche eùt été bien laborieuse. La
prudence la plus vulgaire conseillait à M. Vergez
de ne pas l'entreprendre, malgré la puissance de
travail qui lui restait encore.

Qu'allaient donc devenir des documents si
nombreux et d'un si grand prix ? Ils étaient
pour la plupart d'une nature intime et personnelle ; les livrer à des mains étrangères, c'était
mettre en péril le secret professionnel. Il ne
restait plus qu'à les détruire ; M. Vergez s'est
imposé ce douloureux sacrifice.

X

« G....., le 4 décembre 1888.
« M.

« Je vous remercie de la lettre que vous avez
« bien voulu m'écrire à l'occasion de la mort de
« votre excellent père.

« J'ai bien regretté d'avoir appris trop tard le
« malheur qui vous frappait. J'aurais considéré
« comme un devoir sacré d'accompagner à sa
« dernière demeure l'homme de bien, la nature
« d'élite, le savant modeste qui honorait le Con-
« seil général par son mérite et ses vertus.

« Vous avez fait une perte cruelle, irréparable ;
« laissez-moi vous dire combien je partage votre
« douleur, combien je m'associe à tous vos
« regrets !...
« Recevez, etc. »

XI

« L....., 11 décembre 1888.
« M.

« Tout le monde s'étonnait de voir la vie de
« votre frère se prolonger tant d'années après

« le coup qui l'avait frappé en 1882. Chacun
« pensait qu'il touchait à sa fin, et toutefois
« chacun a été surpris de le voir tomber. On ne
« se fait pas facilement à l'idée de voir dispa-
« raître un homme d'un si grand mérite ; les
« hommes sont si rares aujourd'hui ! Leur dis-
« parition laisse un grand vide...............

« Chacun dans le pays apprécie le docteur
« intelligent et chrétien mieux encore que pen-
« dant la vie ; chacun raconte combien il était
« facile et peu coûteux d'aller le consulter ; cha-
« cun se trouvait mieux après l'avoir entendu...

. . . .

« Mieux que personne, vous sentez sa perte.
« Ce qui doit vous consoler, c'est la vie vraiment
« chrétienne qu'il a toujours menée ; ce sont les
« services rendus à la religion, à toute bonne
« cause. Il laisse à la famille un grand sou-
« venir, au pays un bon exemple, à tous ses
« confrères une excellente leçon. Le ciel a
« couronné sa vertu ; prions et soyons sans
« crainte.............................

« Recevez, etc. »

XII

« B....., le 11 décembre 1888.

« M.

. . . .

« Votre lettre m'apprend la douloureuse épreuve
« que la divine Providence vient de vous envoyer.
« Croyez que je prends une vive part à votre
« deuil. Heureusement ce deuil, pour un cœur
« de prêtre, se trouve accompagné de grandes
« consolations. C'est un saint que votre famille
« a perdu. *Præmissum non amissum defle*, comme
« l'écrivait saint Fulgence à un ami qui avait
« perdu un frère comme le vôtre.

« Je ne saurais assez vous remercier de l'article
« nécrologique que vous avez eu la bonté de me
« communiquer. Je l'ai lu avec une grande édi-
« fication et non sans quelques larmes. Ceux qui
« vivent et meurent de la sorte sont du nombre
« des élus dont la terre peut invoquer l'inter-
« cession. . . . .

« Daignez agréer, etc. »

Tel fut l'homme que ces modestes pages ont essayé de peindre. La science a perdu un de ses représentants les plus autorisés, l'humanité souffrante un bienfaiteur aussi dévoué qu'habile, la société un avocat de toutes les bonnes causes, et la religion un courageux défenseur. Sur le terrain politique et social, M. Vergez rencontra des adversaires, jamais des ennemis ; la droiture des intentions désarmait la malveillance, l'aménité du caractère commandait la sympathie. Les regrets unanimes qu'a excités la disparition de cet homme, disent assez de quelle haute considération il jouissait dans tous les rangs de la société.

Mgr Billère, estimant qu'une gloire manquait à cette existence si bien remplie, avait bien voulu la demander ; et, le 28 février 1888, Léon XIII avait nommé M. Vergez Commandeur de l'ordre de St-Grégoire-le-Grand.

Une distinction venue de si haut et d'une source si pure devait réjouir les derniers jours. du bon docteur. Ne pouvait-il pas croire en effet qu'il avait accompli quelque bien, et espérer que Celui dont Léon XIII est le Vicaire daignerait l'en récompenser ? L'épanouissement du visage et le sourire qui ont marqué le départ de l'âme étaient comme l'intuition du bonheur. Leur souvenir restera profondément gravé dans le cœur de ceux qui en furent les heureux témoins.

TABLE

—✳—

III. TÉMOIGNAGES DES AMIS

TARBES. — IMPRIMERIE ÉMILE CROHARÉ